'날마다 좋을 순 없지만, 웃을 순 있다. 당신의 삶에 꽃이 피길'

짧은 詩가 난 좋다

정다겸 · 홍순환 · 양희정 外

인사말

시인 정다겸

  23년 뜨거운 바람 사이로 파란 바람이 길을 찾고 있을 즈음, 매미 소리 작아지고 개구리울음도 멀어지는 가을의 길목에서 호원대 사회복지경영학과 1학년 2학기 기초교양으로 '말하기와 글쓰기' 과목을 맡게 되었다. 그동안 학생들에게 시집, 디카시집, 문학지 등을 선물하고 어떤 날은 목소리에 시를 얹어 교실 가득 시의 울림으로 채우기도 했다.
  이번 학기 함께 책 한 권을 내자는 야무진 꿈에 학생들 모두 찬성표를 던지며, 글쓰기는 시작되었다.

  학생들 한 분, 한 분은 각자 쌓아온 나름의 커리어가 있는 분들이지만, 애벌레가 나뭇잎을 먹고 크게 자라 그 이상의 것을 찾아 떠나듯, 사회복지경영학이라는 새로운 길을 만났고, 그 속에서 작은 도전의 시간을 보내고 있다.
  서로 마중물이 되어 주기도 하고, 잠자고 있는 세포들을 하나 둘 깨워 다시 잠들지 않도록 즐거움을 선사하기도 한다. 숨겨진 음표들을 찾아내고, 그들이 있을

자리 꽃자리 되게 하는 일은 애벌레에게 날개를 달아주는 일이다.
 이제 기어가거나, 거어 올라가거나 기어서 내려오지 않아도 된다. 접은 날개를 펴서 저 푸른 창공을 힘껏 날아오르면 되는 것이다.

 까만 밤을 하얗게 보낸 몇 날들을 생각하며 이름 삼행시, 디카시, 시, 수필 등 여러분의 삶을 노래하라, 저 푸른 대지 위에서, 저 눈부신 파아란 하늘을 배경 삼아서, 반짝이는 별들과 은은한 달빛을 초대하여 시어들을 춤추게 하라.
 더 나아가 사회복지를 노래하라. 그리고 사회복지를 춤추게 하라.
 여러분의 손 끝을 통해 사회는 따뜻해질 것이며, 글자들은 생명력을 얻어 팔딱팔딱 뛰며 즐거워할 것이다.

 학생들의 시, 그리고 필자가 쓴 40여 편의 짧은 시 속에는 긴 생각과 여운을 안겨준다. 짧은 시 속에는 사계절이 숨 쉬고 있으며, 인생의 여정이 담겨있다. 아름다운 시어가 우리의 삶으로 들어와 있다. 『짧은 시가 난 좋다』을 통하여 각자의 꽃 피우며, 삶이 곱게 물들어 가기를…

2023년 12월 눈 내린 겨울밤에

차례

제1부

삼행시

10 · 김두현
11 · 김미옥
12 · 김진우
13 · 남기화
14 · 박용필
15 · 반은경
16 · 석혜정
17 · 양희정
18 · 이경숙
19 · 이은율
20 · 장광덕
21 · 조형주
22 · 홍순환

제2부

디카시

24 • 김미옥 __ 겨울이오는길목
25 • 김진우 __ 공중전화
26 • 남기화 __ 도토리
27 • 박용필 __ 밀짚모자, 선택
29 • 반은경 __ 설레임
30 • 석혜정 __ 여유
31 • 양희정 __ 별처럼
32 • 이경숙 __ 노을
33 • 이은율 __ 산책
34 • 장광덕 __ 호박꽃, 돌탑
36 • 홍순환 __ 이 문을 지나

제 3 부

시

38 • 김미옥 __ 내 마음, 삶의 무게
41 • 남기화 __ 까치의 노래, 단풍 낙엽
43 • 박용필 __ 초대, 행복을 배웅하러 가자
45 • 석혜정 __ 남편의 고단함, 가을과 겨울사이
48 • 양희정 __ 너는 나의 묘(貓), 종이컵, SNOWSTAR,
　　　　　　　　배움 톨게이트
54 • 이경숙 __ 밀어내기
55 • 홍순환 __ 겨울나무

제 4 부

수필

58 • 김미옥 _ '김미옥의 작은 자화상'
62 • 김진우 _ 행복에 대하여…
68 • 남기화 _ 소나무
70 • 박용필 _ 결심했어! 나의 제2의 삶
73 • 반은경 _ 나의 캠핑은 계속된다
76 • 이경숙 _ 엄마 사랑해
79 • 장광덕 _ 재래시장에 간 날
81 • 홍순환 _ 어른이 된다는 것

제 5 부

짧은 시 긴 여운

정다겸 시

- 84 · 두줄
- 85 · 새벽
- 86 · 네모
- 87 · 아침
- 88 · 저녁
- 89 · 오늘
- 90 · 하늘
- 91 · 바다
- 92 · 초원
- 93 · 장마
- 94 · 바닥
- 95 · 가을
- 96 · 추수
- 97 · 편지
- 98 · 반복
- 99 · 친구
- 100 · 관심
- 101 · 외도
- 102 · 마음
- 103 · 안개
- 104 · 빙판
- 105 · 얼음
- 106 · 야밤
- 107 · 동지
- 108 · 성탄
- 109 · 고요
- 110 · 밀회
- 111 · 주의
- 112 · 택시
- 113 · 글쓰기
- 114 · 이정표
- 115 · 초봄비
- 116 · 장미꽃
- 117 · 유월달
- 118 · 치자꽃
- 119 · 옥수수
- 120 · 우산 속
- 121 · 국화꽃
- 122 · 바나나
- 123 · 아버지

제 1부

삼행시

김두현

김 : 김두환 이니죠 김두현이죠

두 : 두목보다는 두각을 나타내는 사람

현 : 현재보다 나은 미래위해 지금도 하얀 밤
　　보내고 있는

김미옥

김 : 김떡순 시켜놓고

미 : 미역국 생각하네

옥 : 옥사발에 술이 최고지

김진우

김 : 김진우 그는 누구인가

진 : 진짜로 기업자본주의 외치는 인테리어 사업가

우 : 우리가 보기엔 빛나는 두뇌를 가진 아인슈타인
　　그대는 아인슈타인

남기화

남 : 남기화는

기 : 기분 좋은 하루를 만들어간다

화 : 화가 날 때 웃음으로 넘기며

박용필

박 : 박하사탕 같은 그녀가

용 : 용솟음치며

필 : 필리핀으로 휘리릭

박 : 박용필은 돌잔치에서 연필을 잡았다

용 : 용머리가 되겠다는 그녀

필 : 필코, 시를 노래하는 사회복지사 되다

반은경

반 : 반했어 너에게

은 : 은경이의 목덜미

경 : 경이로워!

반 : 반반한 얼굴에

은 : 은은한 향기 품은 너

경 : 경이로워!

석혜정

석 : 석양이 아름다운 바닷가 작은 마을에서 태어난

혜 : 혜정이의 꿈은 유치원 교사였지

정 : 정신 차리고 보니 지금은 호원대학교
　　사회복지경영학과에 재학중

양희정

양 : 양초처럼 주변을 밝히리라

희 : 희망이 꺼지지 않도록

정 : 정성과 사랑으로 불태우리라

이경숙

이 : 이리보고 저리 봐도

경 : 경숙이의 선택은

숙 : 숙대 앞, 그 남자

이 : 이제부터 시작이야

경 : 경주에서 막판 뒤집기에 성공한 거북이처럼

숙 : 숙이지 않는 당당함으로

이은율

이 : 이렇게 늦은 시간까지 공부하고 집에 가는
　　 내가 대견하다 피곤하고 지치지만

은 : 은근히 잘 살았다고 스스로를 다독이니
　　 괜스레 뿌듯한 밤이다
　　 힘들다고 포기하지 말고 항상 최선을 다해
　　 공부하여 먼 훗날

율 : 율법을 잘 지키며 살아가는
　　 훌륭한 사회복지사가 되길 바라며

장광덕

장 : 장난전화 안돼요

광 : 광팬이라도요

덕 : 덕분에 행복하자고요?

조형주

조 : 조급하게 생각하지 말자

형 : 형광등처럼 반응이 느리다 해도

주 : 주사위는 이미 던져졌다

홍순환

홍 : 홍고추 따는 날

순 : 순수한 그녀 생각에

환 : 환장 하겠네

제 2 부

디카시

겨울이 오는 길목

김미옥

누굴 만나러 가나
겨울 만나러 가지

공중전화

김진우

내가 네게 백원 주면
수많은 비밀을 알려줄래?

도토리

　　　　남기화

상처가 내게 와도
괜찮아

밀짚모자

박용필

아버지의 사랑
 밀짚모자 위에 찬란히 비치네

선택

박용필

우산이 싫어
돛단배로 살기로 한날
좌측으로 가야지
우측 말고

설레임

반은경

너를 만나러 가는 이 순간
파란 꿈으로 가득하다.

여유

석혜정

중심에 서있지 않아도
꽉 차지 않아도
있는 그대로

별처럼

양희정

시간이라는 바람에 은행잎 떨어지네
어둑한 새벽 하루살이별처럼

노을

이경숙

퇴근하고 싶어져
너를 본 순간

산책

이은율

가로등빛 아래
코에 스치는 가을 향기

그와 함께 맡았으면

호박꽃

장광덕

늦둥이로 태어나
귀여워서 어쩌나

돌탑

장광덕

간절한 이 마음
너에게만 고백하리

이 문을 지나

홍순환

이 문을 지나
어둠에서 빛으로

제 3 부

시

내 마음

김미옥

나의 신체도 아닌 것이
내 생각대로 움직이는 것도 아닌 것이
언제부터인지 기억도 나지 않지만
나와 늘 함께 하고 있네

때로는 기쁨 꽃으로 피어나
내 얼굴에 잔잔한 미소를 만들기도 하고
왠지 모를 즐거움에 기분도 좋아지게 하고
살아가는 힘을 주기도 하네

때로는 슬픔 꽃으로 피어나
내 얼굴에 어두운 그림자를 만들기도 하고
왠지 모를 두려움에 근심만 쌓이게 하고
살아가는 무게를 주기도 하네

나도 알 수 없는 내 마음
하늘은 아는지 소리 없이 나에게 알려주네
비 온 뒤의 파란 하늘처럼
맑은 마음으로 순수한 마음으로 살아보라고…

삶의 무게

김미옥

삶의 무게를
내려놓은 가을 낙엽이

힘들어도
삶의 무게를 지고 가는
나의 삶보다 승화된 삶인가?

겨울이 오면
내려놓을 줄 아는 낙엽이

모두 쥐고 가려는
나의 스승이 되네

까치의 노래

남기화

매일 아침 노래한다 까까까
어서 빨리 일어나라 까까까

매일 아침 노래한다 까까까
우리 아기 잘잤다고 까까까

매일 아침 노래한다 까까까
아침밥이 맛있다고 까까까

매일 아침 노래한다 까까까
우리 아기 사랑한다 까까까

단풍 낙엽

남기화

가을 냄새 맡으면서
산길 따라 걸어가니
알록달록 단풍잎이
머리 위로 떨어지네

가을바람 스치면서
발길 따라 걸어가니
사락사락 낙엽들이
내 발목을 사로잡네

나무에선 단풍이요
땅에서는 낙엽일세
황혼 인생 단풍처럼

초 대

박용필

창 너머 풍경이 좋다
청명한 하늘이 좋다
고요한 시간이 좋다

이 좋은 풍경
이 좋은 하늘
이 좋은 고요함

여기에 오길 참 잘했다.

행복을 배웅하러 가자

박용필

손발 끝 마디마디 통증이 온다
그래도 행복 배웅하러 가자

마음속 여기저기 구멍이 난다
그래도 행복 배웅하러 가자

열린 창틈으로 다정하게
들어오는 햇살과 바람

그 행복을 맞이하러 가자
배웅하러 가자

남편의 고단함

석혜정

따르릉 따르릉 새벽 5시다
남편의 눈꺼풀은 아직
가벼워질 생각이 없는데
알람은 다시 한 번
쩌렁쩌렁 울린다

집에서 회사까지 1시간
막히면 120분 족히 걸린다
집에 돌아오는 길은 더 멀고 험하다
7200초나 된다

막내로 태어난 남편은
신문배달, 우유배달로
손과 발 굳은살이
고단한 남편의 삶을 말해준다

고단한 어깨는 무거워 보이는데
얼굴은 언제나 스타일이 산다
백만불 미소가 나를 안으면
저녁상에 제육볶음도
활짝 웃는다

가을과 겨울사이

석혜정

나뭇잎이 물들 때쯤
여름이 이미 가고
없음을 알 수 있다

낙엽은 떨어져 내리는데
그 낙엽 따라 추억은 떨어지지 않게
나뭇가지에 꼭 동여맸다

손끝이 시려오는 것을 보고
가을도 지나가고 있음을 알았다

너는 나의 묘(貓)

양희정

까만 몸, 하얀 네발, 하얀 반달 가슴 털을 가진 너의 이름은 샤넬이
세상에 태어나 어미와 헤어지고 우리 가족에게 왔지
너는 우리 가족의 첫사랑
자그마한 몸으로 이리저리 다니면 어디에 숨었는지 찾을 수가 없어
빨간 방울을 달아주면 싫어서 발버둥 치던 너

새벽 알람이 울리기도 전에 나에 귓가에 와서
'엄마 일어나 밥해야지'
'엄마 내 밥도 줘야지'
하는 것처럼 "야옹야옹"
알람 소리 보다 먼저 나를 깨워 주던 너였는데…
지금 너의 소리가 너무나 그리워

바깥세상이 늘 궁금해서 창밖을 바라보며
날아가는 새를 보면 어쩔 줄 몰라 했지
첫눈 오는 날

너에게도 눈을 보여주겠노라 담요에 싸서 눈을 밟게 했더니
몸서리치며 무서워하고 바들바들 떠는 모습이
얼마나 귀엽고 사랑스럽던지…
그런 너는 나에게 소소한 행복함을 느끼게 해줬지

현관문이 열리는 작은 틈에 더 큰 세상을 보려고 나간 거니?
너에게 우리 집은 좁았던 걸까?
자유를 찾아 행복을 찾아 너는 떠났을까?
이별할 시간도 없이 한순간에 사라져 버린 너

동네방네 다니며 너를 찾아보았지만
어디로 숨었는지 찾을 수가 없구나
그래서 나는 생각을 바꿨어
너는 자유로이 더 넓은 세상을 향해 나간 거라고
비록 나는 허전하고 너의 골골 송 야옹야옹 소리를 듣고 싶지만

마지막 여생을 자유롭게 뛰어놀 수 있다면 난 괜찮아.

이제 곧 겨울이야
네가 그렇게 몸서리쳤던 하얀 눈이 내리는 겨울
발이 시린 날은 꼭 기적처럼 나에게 돌아와 줘
널 위한 따뜻한 마음을 가슴으로 안아줄게.

종이컵

양희정

오늘도 너와 난 입맞춤
따뜻한 온기를 주며 떠나네

오늘도 너와 난 입맞춤
향긋한 향기를 주며 떠나네

오늘도 너와 난 입맞춤
청량한 시원함을 주며 떠나네

앞으로는 너와 나
영원한 입맞춤으로

SNOWSTAR

양희정

오늘은 너를 기다려
밤하늘 하루하루 고개 들어
너와 인사를 나누고 있어

오늘도 너를 기다려
추운 겨울 쏟아질 것처럼
반짝이는 것을 보니 곧 만날 수 있겠네

드디어 너를 만났어
세상을 새하얗게 물들이며
별천지를 만드는구나

너를 만졌어
하루살이 별처럼 여전히
내 손을 거부하며 사라지네
잠시나마 설레었네
차가웠지만 …

배움 톨게이트

양희정

새벽이 부르는 소리에
몸을 깨우면서 고속도로를 달려
배움의 톨게이트 경유, 잠시 즐기는 차 한 잔
하루의 즐거움이 시작된다

직장이라는 전쟁터로 내몰린 나
퇴근이라는 작은 출구를 바라보는 나
지친 몸에 열정 태엽을 감아
배움의 길로 달려간다

밀어내기

이경숙

왜 상처를 입어야 하지
네가 나에게 온 날
기쁨은 사라지고
아픔만 다가오네

난 가시가 싫은데

겨울나무

홍순환

하나 둘 잎 떨구고
앙상한 가지만 남았지만

너는 외롭지 않아 보여
너의 뒤를 볼래?

파란 하늘
몽실몽실 흰 구름도
너의 친구

제 4 부

수필

'김미옥의 작은 자화상'

김미옥

존경하는 정다겸 교수님의 수필이나 시에 대한 과제를 접하면서 그동안 잊고 지냈던 감성을 다시 찾은 것 같아 많이 설레고 감사한 마음이 들었다. 글제를 정하고 보니 본인의 자화상을 그리는 것 같아 쑥스럽고 부끄러운 생각이 든다. 어느덧 돌아보니 반백년을 살아온 세월이 느껴지고 지금쯤이라도 한번 돌아보는 시간이 필요하다는 생각에 다시 펜을 들었다.

"해피바이러스, 아호 유경이다. 잔디, 아낌없이 주는 이모, 사랑스러운 사람, 재경천전초 총동문회 총무, 로타리 산악회 수원지회장, 당차고 멋지다.

앞에 언급한 말들은 현재 김미옥에 대한 타인의 상징적인 표현이다. 내 가족을 사랑하고 여러 사람들과 어울리며 살아가기를 좋아하고 그 속에서 긍정적인 에너지를 뿜으며 현재의 삶을 열심히 살아내고 있다.

기본적으로 낙천적인 성향은 타고난 것이 맞는 것 같다. 그렇지만 내 인생을 되돌아보면 모든 것이 다 굴곡 없이 순탄했던 것은 아니다. 주변 사람들은 처음부터 마냥 긍정적이고 밝고 활기찬 사람으로 알고 있지만 그렇지는 않다.

어린 시절 갑작스럽게 닥친 어려운 가정 형편 탓에 둘째인 나는 여상을 선택하였으며 졸업 후엔 직장에 발을 내디디며 돈을 벌어 부모님께 보탬이 돼야 했다. 풋풋하고 싱그러웠던 20대 초반 나와는 달리 무던하고 조용하고 침착했던 사람을 만나 결혼했으나 남편의 잘못된 선택으로 어려움을 겪는 가슴 아픈 기억도 있다.

그 와중에 소중한 생명이 선물처럼 찾아왔지만 마냥 행복하고 기뻐할 수 없는 일이었다. 임신 5개월 차에 염색체 이상을 진단받은 아이는 걱정과는 달리 너무도 다행스럽게 건강하게 태어났다.

그것만으로도 너무 감사하여 내게 불행만이 오진 않는구나! 생각하였다. 정말 기댈 곳 없이 힘든 나날을 보내면서 아이는 천 리 길 진주 시댁에 맡겼고 남편과 나는 뿔뿔이 흩어지는 긴 시간을 보냈다. 그때는 끝이 보이지 않는 터널 속에 갇힌 것만 같은 시절이었다.

지금은 멋진 아들이고 엄마라고 알뜰하게 챙겨주고 있는 아들에게 나는 영유아 시절을 함께 보내주지 못해 미안한 마음이 크다.

아이의 엄마로 살아가면서 아들 친구 엄마를 알게 되었다. 그 사람은 내 인생에 영향력을 미친 고마운 사람 중의 한 사람이다. 어두운 터널에서 나와 사람들과 어울리게 되고 동네 부녀회 활동과 지역산악회에 가입해서 산행과 더불어 회장 직책까지 맡게 되면서 그 옛날 내가 지녔던 밝은 성품이 되살아나게 되었다. '그래, 인간 김미옥은 그랬었지. '열심히' 라는 말로는 부족할 정도로 40대를 정말 치열하게 살았고 행복하게 보냈다.
　쉰넷. 지금 나의 물리학적인 나이다. 어릴 때 아주 아득하게만 느껴졌던 그 나이가 되었다. 하지만 결코 많은 나이라고 생각하지 않는다. 힘들었던 시절을 생각하면서 봉사활동을 하기 위해 국제로타리에 가입하여 활동 중이다. 로타리활동은 나에겐 또 다른 삶의 전환점이 되었다. 사회 복지 쪽에 관심이 많이 생겼고 지금은 호원대 사회복지경영학과에서 공부 중이다.
　앞으로 복지 관련 쪽 사업을 해보고 싶고 더 나아가 지역에 실질적인 큰 봉사로 "시의원"이라는 큰 꿈도 내 가슴속에 품을 수 있었다. 사람과 더불어 사는 게 내게 큰 행복이라는 것을 알게 된 이상, 내 가슴을 뛰에 하는 일을 계속해 나가고 싶다.

　가끔씩 고향 진주에 내려갈 때면 만나게 되는 어린 조카가 항상 나를 보며 '아낌없이 주는 이모'라는 이 말이 참 좋다. 다소 부족하고 물질적으로 풍요롭지 못하더라도 내가 아는, 나를 사랑하는, 내가 아끼는 많은 사람들이 행복할 수 있도록 도와주는 삶을 살고 싶다. 향후 나는 어떤 모습으로 살아갈까? 나는 앞으로의 내가 더욱 기대된다. 이번을 계기로 곤충이 우화를 통하여 멋진 모습으로 탈바꿈하는 것 같이 졸리고 힘든 공부일

지라도 우화의 과정이라 생각하고 최선을 다할 것이다. 초라한 자화상을 그리면서 뒤를 돌아보고 큰 희망의 미래를 생각하는 계기를 마련해 주신 정다겸 교수님께 감사드린다.

"김미옥" 지금까지 힘들었지! 주위와 뒤를 보지 못하고 달려온 세월! 지금부터는 달려온 시간만큼 주위의 아름다움도 느끼고 힘든 사람 있으면 손도 내밀며 "더불어 더불어" 함께하는 사람이 되고 싶다. 행복한 김미옥을 위하여! 파이팅!

행복에 대하여…

김진우

나는 행복이 뭔지 잘 모른다. 그건 아마도 내가 너무 행복하기 때문일 것이라는 생각이 든다. 행복이 뭔지 잘 모르겠다고 말할 수 있는 것이 행복일 수도 있을 것이다. 만일 내가 당장 내일의 끼니를 걱정해야 한다면, 행복이란 과연 뭘까 하고 곰곰 생각할 여유도 필요도 전혀 없을 것이다. 만약 화장실까지 운신하기에도 숨이 턱에 차오를 정도의 중증 심부전에 시달리고 있다면, 당장에 일말의 고민도 없이 명쾌한 행복의 정의를 내릴 수 있을 것이다. 세상 사람들은 행복이란 마음에 달려 있는 것이며 현재의 상황에 만족하는 것이라고 말한다. 그렇다면 행복이란 순전히 관념적인 문제일 뿐인가?

행복을 논하는 데 있어서 물리적인 조건을 무시할 수는 없다. 부자가 반드시 행복하며 가난한 사람은 반드시 불행한 것은 아니지만 그러할 확률이 높음은 사실이다. '확률'이라는 삭막한 단어의 등장으로 거부감을 느낀 나머지 여기서 이 글을 읽기를 그만둘 사람도 있을지 모른다. 그러나 조금만 더 생각을 해보기 바란다. 물질적인 부의 소유 정도를 x축에, 행복의 정도를 y 축에 놓고 그래프를 그린다면 어떤 모양이 될 것인가? 완전

한 일차방정식은 아니며 곡선 부분을 포함한 골치 아픈 함수가 되겠지만 어찌 됐건 분명 그중 직선적인 비례관계를 나타내는 부분이 있을 것이다.

행복의 물질적인 면에 집착하는 것이 속물적이라면 정신적인 면이 유일한 것인 양하는 것은 기만적이다. 분수를 알고 주어진 현재의 상황에 만족하고 감사하면서 살아가는 것이 행복이라는 말은, 가진 것 없는 자에게는 달콤한 위로의 말로 들릴 수도 있으나 때로 구조적인 문제를 관념적인 문제로 바꿔침으로써 해결 불가능한 문제를 가능한 것처럼 보이게 하거나, 그 책임을 순전히 한 개인에게 돌려버린다. 이런 엄청난 함정이 있음에도 불구하고 많은 사람들은 물질적인 부가 사람을 불행하게 만든다는 신화를 진실이라 믿는다. 하지만 나는 분명히 말하고자 한다. 그것은 궤변이다. 아울러 가난한 사람이 행복하다는 말도 궤변이다.

행복이라는 낱말에는 소시민의 냄새가 짙게 풍긴다. 작은 것, 평범한 것, 남들은 모르는 나만의 소중한 것, 남한테 해를 끼치지도, 그렇다고 덕을 주지도 않으면서 조용히 사는 이들, 소위 '중산층', 정치가들이 흔히 들먹이는 '침묵하는 다수', 역사를 만들어가기보다는 역사에 의해 만들어져가는 편을 택하는 - 왜냐하면 '난 그런 건 잘 모르니까, 정치는 정치가들이나 하는 거고 나는 내 할 일만 열심히 하면 되니까' - 그들에게 행복이 있을지어다.

그런 행복이 누구에게나 가능한 것인가? 그 모든 것이 허상은 아닐까? 행복과 불행이 개인의 선택과 마음먹기에 따라서 갈라지는 것인가? 그리하여 게으른 자는 불행해지고 묵묵히 자기 책임을 다하는 성실한 자는 행복하게 되는가? 만약에 그러하다면 그 얼마나 아름답고도 감동적인가! 그러나 사실은 수많은 사람들이 그저 스스로의 처지에 만족하고, 또 행복하다는 자기최면을 걸고서 살아가든지, 아니면 비탄 속에서 알코올과 마약의 중독자가 되든지

양자택일을 해야 한다. 지금 내가 당연히 누려야 할 것을 다른 누군가 때문에 누리지 못하는 것은 아닌가 하고 생각하는 사람은 매우 위험한 사람으로 간주되고, 그런 생각에 따라 행동하는 사람들은 '극소수 일부 극렬 과격 불순한' 집단으로 분류된다.

판잣집에서, 사글셋방에서, 비닐하우스에서 연탄가스의 위협에 시달리고 내일의 끼니와 추위를 피할 연탄 몇 장을 걱정해야 하는 사람들이 그들의 평생의 수입을 몽땅 합친다 해도 만져보기도 힘든, 사치품들이 즐비한 안락한 저택 또는 호사한 아파트에서 문명의 혜택을 마음껏 누리며, 멋들어진 자동차를 굴리고, 입가에는 품위 있고 귀족적인 미소가 항상 감도는 그런 사람들을 쳐다보면서 느낄 수 있는 감정은 무엇이겠는가? '난 게

으른 탓에 이렇게 불행하구나'하는 자조일까? '나도 노력해서 저렇게 잘 살아야지'하는 결심일까? 천만에! 분노! 오직 그것뿐이리라.

한데 어찌 된 일인지 가난한 이들은 마음까지 가난해서 그러한 것인지, 너그럽게도 그 모든 것들을 용서한 것인지, 그 증오를 터뜨리지 않는다. 이 자유민주주의 사회에는 이태리제 소파, 찬란한 샹들리에, 우아함이 극에 달한 밍크코트, 물방울 다이아몬드, 외제 자동차 등등, 그 하나하나의 가격을 뭐라 읽어야 할지 붙어 있는 영의 개수를 일일이 세 보기 전에는 도저히 알 수 없는 그런 물건들을 소유할 자유와, 그 물건에 감히 손대는 자를 엄벌에 처할 법과 질서가 있다. 게다가 누구든 열심히 일해 그런 물건들을 돈 주고 살 수 있는 권리까지 있다. 자유민주주의 만세!

이런 이야기들은 나와는 별 상관이 없는 이야기일지도 모르겠다. 왜냐하면 나는 이 사회에서 가장 양지바른 쪽에서 살아온 사람이기 때문이다. 빛 속에서 살아가는 사람이 있으면 어둠 속에서 살아가는 사람들도 있고, 그리고 - 인정하기도, 생각하기도 싫은 이야기지만 - 어쩌면 나의 행복은 그들의 불행으로 인해 있는 것인지도 모른다.

그런 불행을 어떻게 하면 구원할 수 있을 것인가? 무엇이 필요한 것일까? 십자가인가? 현세의 가난과 불만을 잊고 내세에서의 영생과 메시아에 의한 구원만을 믿으며, 지상은 부자의 것, 천국은 가난한 자의 것이라고 생각하며 살아간다면… 글쎄, 다소 심리적인 위안을 될지 모르겠지만, 부자가 천국에 들어가는 것이 낙타가 바늘구멍에 들어가기만큼 어렵다면, 가난뱅이가 지상에서 행복해지기도 역시 그만큼 어렵다.

가진 자의 자선과 나누어주는 마음에 기대를 걸 것인가? 나는 내가 머리에 털이 나고부터 매년 연말마다 요란스러운 불우이웃 돕기 캠페인이 한 해도 빠짐없이 벌어지는 것을 보며 '저렇게 불우 이웃을 돕는 사람이 많으니 불우 이웃이란 곧 자취를 감추겠구나' 하고 생각했지만, 웬걸, 여전히 불우이웃은 있고, 따라서 불우이웃 돕기 캠페인도 계속되고 있으며, 앞으로도 계속될 것처럼 보인다. 노동자의 월급 인상에는 인색한 기업가들이 때만 되면 수억 원씩 턱턱 내놓고, 어쩌면 자기 자신이 그 불우 이웃 돕기 캠페인의 대상일지도 모를, 하루 벌어 하루 먹고사는 듯이 보이는 남루한 옷차림의 사람이 '나보다 더 불우한 이웃을 위해' 써달라고 꼬깃꼬깃한 돈을 내놓는 장면은 기만하는 자와 기만당하는 자의 모습에 다름 아니다. 그들은 자신들이 도와줄 불우 이웃이 존재한다는 사실을 매우 다행스럽게 생각하고 즐기며 만족하고 있는 것같이 보인다. 역설적으로 말하자면 그들의 선심은 불행한 이웃이 없는 세상을 만드는 것이 아니라 불우이웃이 계속 불우 이웃일 수 있도록 해주고 있는 것이다.

  세상은 그러하다. 내 눈이 삐뚤어졌다고 말하고 싶은 사람도 있겠지만, 나는 어떻게 해야 모든 사람이 행복을 누리며 살 수 있는 세상이 될 것인지 잘 모른다. 그것이 어쩌면 현재의 내가 가지고 있는 한계일 것이다. 그래도 나는 다른 모든 사람들이 그렇게 바라듯, 행복해지고 싶어 한다. 그것이 뭔지도 잘 모르면서 말이다.

소나무

남기화

 아침에 눈을 뜨자마자 '일어나서 운동 가야지' 생각이 들어오면서 조용히 문을 열고 밖으로 나왔다.
 새벽 아침 공기는 얼굴과 몸을 스치면서 덜 깬 잠에서 나를 깨어나게 해주었다. 골목길을 걸어 횡단보도에 서서 파란 신호등이 켜지기를 기다렸다가 우리 집에서 가까운 공원으로 향했다.

 아침마다 오는 공원, 나의 마음이 향한 곳에서 내 걸음은 멈추어졌다. 몸과 마음에 기운을 주고 싱그러운 향기와 산소를 발산하는 그 무엇이 있는 곳이다.
 그의 성은 소, 이름은 나무, 내가 좋아하는 소나무이다.

 소나무의 종류는 다양하고 사계절 내내 푸르고 강인하다. 솔의 향은 나를 그의 세계로 이끌기에 충분한 자격을 갖추고 있었다.
 봄이 오면 잔가지 사이로 보이는 어린 솔잎이 주는 귀여움에 자꾸 눈길이 간다.
 여름이 오면 푸른 솔잎 사이사이에 달린 솔방울이 바람을 만나면서 방울방울춤을 춘다.

가을이 오면 톡톡 터지면서 떨어지는 솔방울이 아름다운 음악을 선물해 준다
소나무의 매력은 겨울에 그 맛이 난다. 푸른 솔잎 위에 하얀 옷을 입은 모습은 나를 오랫동안 묶어둔다.
나는 그 터실터실한 소나무에 손을 맡기고 코로 그 신선한 솔 향을 마음껏 맡으면서 조용히 속삭였다.

'소나무야 고마워 너는 항상 한곳에 서있고 매일 아침에 오는 나를 반겨주지. 비가 오면 너의 그 큰 몸으로 비를 가려주고 그 싱그러운 솔 향과 산소로 기분을 맑게 해주며 너의 몸에서 떨어진 잎새는 나의 발을 포근히 감싸주었지.
나는 너를 너무 사랑하게 되었단다.'

내일 또 오기로 생각하면서 나는 발길을 돌려 둘레길을 걸었다.
소나무의 그 터실터실한 촉감과 향, 그리고 속삭임, 그 10분의 시간은 나의 몸과 마음을 치유해 주는 시간이었다.
가다가 돌아서서 소나무의 강인한 모습과 웅장한 크기를 또 한 번 쳐다본다.
행복한 나의 하루가 시작되는 아침이다.

결심했어! 나의 제2의 삶

박용필

인생의 긴 여정 끝에 지금의 나의 모습은 힘들게 살아온 날들의 결실이다.

매 순간순간 끊임없이 노력하며 최선을 다해 아이들 키우고 장가보내고 이것이 나의 여정이었다.

일에 지쳐 잠 못 이루고 피곤한 낮 시간 매장에서 최선을 다함은 오로지 식구들을 위해 돈을 벌기 위한 목적이었다.

이 모든 것은 나를 더욱 강하게 만들었다.

아이들의 미소와 행복한 순간들은 나의 힘과 용기의 원천이었다.

그런데 지금의 행복에서는 허전한 그 무언가가 늘 가슴 한편에 있었다.

허전한 가슴에 나의 꿈을 채우기로 결심한 나이 56세다. 늦깎이 대학생이 된 '나는 잘 해낼 수 있을까' 하는 걱정과 불안 속에 용기 내어 학교 문을 두드렸다.

먹고사는 게 바빠 마치지 못한 나의 꿈 공부!

이제 정말 시작할 때가 된 것이다. 영화의 엑스트라가 아닌 무대에서의 조연이 아닌 주연이 되어 내 인생

멋지게 펼치고 싶다.

 두 아들에게 엄마의 새로운 도전, 엄마의 한계를 뛰어 넘는 가능성을 보여주고 싶었다. 지금까지 나는 엄마요, 며느리요, 아내요, 회사 오너로 24시간이 부족할 정도로 힘든 시간이었지만, 이제는 나를 위한 삶으로 방향을 틀어보기로 한다.

 대학 생활은 나에게 삶의 의미가 부여되고, 많은 동기와 잊지 못할 추억과 가치를 주었다.
 호원대 방문의 날 설레는 마음으로 미리 준비한 음료, 과자, 떡, 과일 등 간식을 먹으며 수업 시간에 못다 한 수다삼매경에 빠져보기도 하고 선배들의 환영을 받으며 맛있는 점심을 먹고 푸짐한 빵 선물과 과일청 선물은 마음까지 행복하게 했다.
 당일, 비가 추적추적 내리는 가운데 교정을 거닐며 사진도 찍고 군산에 있는 근대현대박물관도 가고 신흥동에 있는 일본식 가옥을 구경하는 등 즐거운 한때를 보내고 왔다.
 학교 수업 이외에 가끔씩 하는 그룹 미팅은 각자의 삶을 들을 수 있는 귀한 시간이 되었다.
 시험이 끝나는 날은 무거웠던 마음 해방감을 느끼며, 시원한 생맥이 있는 뒤풀이 자리가 또 다른 학교생활의 즐거움이었다.

처음 가졌던 불안은 어느새 사라지고 동기들과의 수업, 교수님들과의 소중한 인연을 맺으며 많은 지식과 경험을 쌓고 있는 중이다.

그 중에 얼마 전 읽은 김승옥의 『무진 기행』 속 주인공처럼 나 자신도 잠시 일탈을 멈추고 현실세계로 돌아와야 하는 당연함에 대하여 주인공을 이해하고 깊이 공감할 수 있었다.

1학기를 지나 2학기도 마치는 지금 나는 낯설게만 느껴졌던 대학생활이 나의 일상이 되었고 마음도 예전보다 편안해졌다.

오늘보다 더 나은 내일을 위해 지금 나는 열심히 공부를 하고 있고, 4년 뒤 나의 모습을 기대하며 조금씩 성장해 가고 있다.

나의 캠핑은 계속된다

반은경

몇 년 전 코로나 창궐로 근신의 기간이 길어지자 너무 답답했다.
식당도 맘대로 못 가고, 카페도 인원 제한이라 친구들도 못 만나던 시기였다.
일상생활에 대한 감사함 없이 지내다가 코로나로 감사함을 느낀 해였다.
친구와 궁여지책으로 생각해 낸 즐거운 시간 보내기는 '캠핑하기'였다. 그때는 장비도 없어서 어찌할까 생각해 보다 집에 있는 돗자리, 우산, 냄비, 가스레인지 등 이것저것 챙겨나갔다. 장소는 노을이 예쁜 강화도 바닷가로 정했다.
강화도 바닷가 해수욕장 근처 구석진 곳에 자리를 펴고 우산을 그늘막 삼아 타프처럼 펴놓고, 너구리 라면을 끓여 먹고 떡볶이도 해먹었다.
어찌나 맛나던지 좀 우스꽝스러운 모습의 우리였지만 행복하고 즐거웠다.
바닷가에 모래사장을 거닐기도 하고 주변 돌들을 탑으로 만들어 쌓기도 했다.
노을까지 본 후 우린 집으로 돌아왔다.

석양의 아름다움을 어찌 말로 표현할까?

그 후로 캠핑에 관심을 가지기 시작했다.
쿠팡으로 시작된 나의 캠핑도 구 덕후질, 역시 장비빨이다.
하나하나 필요한 것을 사는 재미 또한 좋았다.
하루는 텐트, 다음날은 매트, 또 다음날은 다른 무언가가 나에게로 왔다.
참다못한 남편이 한마디 한다.
"쿠팡맨과 바람이 났냐, 하루가 멀다 문 앞에 쿠팡맨이 기다리던데"
난 '그냥'이라는 말을 남긴 채 꿋꿋이 캠핑준비를 했다.
완전 무장을 한 우리의 두 번째 목표는 산, 세 번째는 바다로 캠핑을 떠났다.
'캠핑장 뷰가 좋다더라, 여기가 좋다더라' 하며 친구와 나는 신이 났다.

나이를 먹고 취미생활하며 지내기에 캠핑이 딱 제격인 것 같다.
나의 첫 캠핑 모습이 가끔 휴대폰 사진첩에서 튀어나온다.
나는 가슴이 설렌다. 이럴 때도 있었지 하며 회상을 한다.

앞으로도 나의 캠핑생활은 쭉 계속될 것이다.
 친구와 함께해도 좋고 혼자 일 때도 좋은 취미를 찾은 나, 오늘도 어떤 캠핑장을 갈까 검색 중이다!!

엄마 사랑해

이경숙

때로 인생은 우리에게 힘들고 어려운 길로 안내해 주기도 한다. 하지만 그 길을 통과한 뒤에는 성장한 나를 재발견하기도 한다.

나는 한 집안의 가장으로서 아들을 키우며 힘겹게 보낸 나의 삶을 돌아본다.

남동생과 아들, 그리고 친정 엄마와 나 자신을 위해 최선을 다하며 살아왔지만 한 때는 즐거운 순간들도 있었다.

엄마는 5년 전 유방암 선고를 받았다. 처음에는 한쪽 유방반 몽우리가 잡혀서 병원에 가보니 양쪽 모두 몽우리가 있었으며 2기 진단을 받았다. 바로 입원을 하고 수술에 들어갔다. 수술을 잘 마치고 입원 4일 만에 퇴원을 하였다. 퇴원 후에는 항암치료와 방사선치료가 이어졌다. 항암치료 받으면서 머리카락이 한 웅큼씩 빠지면서 아예 머리카락을 바리깡으로 밀어버리게 되었다.

엄마는 점점 짜증과 신경질이 늘어만 갔고 가족들은 신경을 곤두세워야 했다.

우리의 사랑과 노력으로 어려운 시간을 이겨내며 서로를 지지하고 격려하는 모습은 우리 가족의 결속력을 더욱 강하게 만들었다.

23년 9월 23일 토요일 아침이다. 이사 와서 처음 맞는 휴일, 매일 일어나는 출근 시간에 맞춰 잠에서 깨어났다. '더 자야지 오늘은 출근을 안 하는데' 눈은 떠져 있는데 몸은 일어나 주질 않는다. 따뜻한 이불 속에서 이리 뒹굴 저리 뒹굴 하다가 겨우 일어났다. 거실에 나와 베란다 창밖의 파아란 하늘과 나의 눈이 마주치면서 나는 황홀한 가을 하늘에 사로잡히고 말았다. 그 동안은 맘 편히 하늘을 마주한 적이 없었다.

따뜻한 가을 햇살이 차창을 뚫고 나의 온 몸을 꼭 안아주었다.

그러면서 가슴속 깊이 무언가 허전함이 들었다

3개월 전 어느 날 엄마는 "이제 너도 나가서 살아야 하지 않겠냐"라고 말씀하셨다. 내키지 않았지만, 엄마와의 대화 끝에 결국은 엄마와 같이 살던 집을 떠나야겠다 결정하고 지금의 아파트로 이사를 온 것이다.

엄마 집과는 그리 멀리 않은 곳이었다.

이사 한 번 하는데 왜 그렇게 할 일이 많은지 부동산에 가고 집 보러 다녔다. 20년 만에 아픈 엄마와 남동생만 두고 독립하는 것이 쉽지만은 않았다. 이렇게 앉아있는 지금 나는 내가 가장 사랑하는 사람을 생각하고 있다. 반백년 동안 그 흔한 사랑한다는 말 한마디 하지 못한 후회가 밀려온다.

내 손으로 직접 음식을 해 본 기억이 거의 없는 나는 오늘 엄마가 좋아하는 장어구이를 손수 차려 드려야겠다고 마음을 먹었다. 그 즉시 전화를 건다.

"엄마 사랑해, 집들이 음식은 장어구이야~"

재래시장에 간 날

장광덕

오늘은 휴일이다. 집에서 푹 쉴까나? 아내와 함께 산으로 갈까? 당일치기로 바다 구경 한번 갔다 올까? 휴일이면 나는 가끔 고민 아닌 고민을 한다. 생각대로 잘 안 되는 휴일이 있기는 있다. 고민에 빠져있을 때 "여보 아침식사 해요" 아내가 부르는 소리에 그냥 후닥닥 밥상에 앉았다. 반찬은 내가 제일 좋아하는 된장찌개 그리고 몇 가지 반찬이지만 아내표 밥상은 늘 맛 보장이다. 밥을 먹고 있는데 "여보 나 오늘 재래시장에 갔다올께요." 아내의 말에 "나도 같이 갈래요?" 나도 모르게 툭 튀어나왔다.

젊은 시절에는 재래시장에 가는 일이 거의 없을 정도로 손꼽았는데, 아무튼 오늘은 시장에 가고 싶다. 아침 먹고 집 청소하고 재래시장에 갔다. 시장에 들어서니 호떡 냄새가 코를 자극했다. 시장 안으로 걷다 보니 떡, 김밥, 통닭, 족 발, 그리고 다양한 반찬이 너무나 많이 놓여 있었고 싱싱한 야채와 과일도 많았다.

해산물도 많고 약재 상에는 인삼, 도라지, 황기 등 다양한 약재들이 놓여 있었다. 한참 기웃거리면서 보았다. 나이 들어서 그런지 약재상에 오면 왠지 사고 싶은 마음이 든다. 족발 가게를 지나가는데 금방 삶은 갈색 띤 족발이 나의 눈과 마주쳤다. "여보. 오늘 저녁 족발 먹을까?" 묻자마자 아내는 "그래요 그럼"

　말 끝나기가 무섭게 족발 주인에게 "얼마예요? 하나 주세요." 족발이 벌써 내 손에 들려져 있다. 먹거리와 생활용품이 장바구니에 하나 둘 채워지고 두 손이 부족할 정도로 많은 짐들이 손아귀에 붙들린 포로 같았다. 때마침 대형자동차 버스가 내 짐을 대신 짊어지겠다고 달려온다. 고마운 버스라고 생각했다. 버스에게 내 몸을 의탁하고 짐을 맡기고 나니, 저절로 입 꼬리가 올라간다. 저녁에 아내와 함께 족발과 맛있는 음식을 먹을 생각에 마음도 춤을 춘다. 오랜만에 시장에 함께 갈 수 있도록 '오케이' 해준 아내의 고마움에 살포시 그녀 손을 잡는다. 내 가슴은 뛰고 있고 나는 지금 무지 행복하다.

어른이 된다는 것

홍순환

'나이를 먹어 가면서 어른이 된다는 건 뭘까'라는 생각을 하게 된다.

직장을 가지고 월급을 받게 되면 어른이 되는 걸까?

아니면 결혼을 하고 아이를 갖게 되면 어른이 되는 걸까?

나는 중, 고등학교 때의 나와 지금의 내가 얼마나 큰 차이가

있는지 모르겠다.

어른이 된다는 건 여러 가지 측면이 있겠지만,

학생과 어른의 차이점 중 하나는 책임감이라고 생각한다.

스스로 운전을 하고, 제대로 된 정규직에 취직해서, 월급을 받으며 살아가는 모습, 어렸을 때부터 봐 온 아버지의 모습이었다.

나는 그런 모습에 얼마나 근접해 있을까?

아버지는 아무리 힘든 일이 있어도 다음 날이면 어김없이 같은 시간에 일을 하기 위해 일터로 나가셨다.

어머니도 고된 일을 마치고 집에 늦게 들어오셨어도 다음 날이면 피곤한 몸을 이끌고 일하기 위해 나가셨다.

나는 얼마 전, 정규직은 아니지만, 아르바이트를 시작했다.

부모님과 비교하면 일이라 하기에 민망한 작은 일이지만,

늦지 않게 출근하고 맡은 바 일에 성심성의껏 임하면서 책임감을 가지려고 노력하고 있다.

이렇게 책임감을 가지고 업무를 행하며, 이 경험을 밑거름 삼아 정규직에 도전하면서 조금씩 어른이 되어가는 중이다.

현재 진행형으로 조금씩 나아지는 것이 내 목표이며, 언젠가 어른이 되었다고 남들에게 자신있게 말할 수 있는 내가 되고 싶다.

제 5 부

짧은 시간 여운

두 줄

정다겸

둘이 나란히 일어나 함께 앞으로 나아간다

줄은 한쪽이 곧으면 다른 한쪽도 곧게 뻗어나가고
한쪽이 굽으면 다른 한쪽도 굽어 길이 되었다

새 벽

정다겸

새가 접었던 날개를 펴고

벽을 열면 세상은 둥글어진다

네모

정다겸

네모난 아파트 숲으로 가네
네모난 대문을 지나
네모난 방으로
네모난 침대에 누워
네모난 꿈을 꾸네

모두 네모라고 착각하고 있을 때
둥근 해가 네모를 깨운다 "일어나"

아침

정다겸

아! 아름다워라

침묵이 깨어나는 이 시간

저녁

정다겸

새는 숲으로 날아가고

별은 어둠을 찾아간다

오늘

정다겸

오늘은 어제가 남기고 간 유산이다

늘 새로운 날을 맞으며 내일에게 전한다

하늘

정다겸

하늘은 꿈의 공간

늘 자유로운 꿈이 기다리는 곳

바다

정다겸

바다는 어머니이다 땅의 끄트머리에 사는

다행히 육지와 맞닿아 있어 언제든 달려갈 수 있는

초원

정다겸

초승달 같은 풀들이 일제히 일어나니

원래 황량한 들판은 온데간데없구나

장마

정다겸

장기간 푸른 하늘에 튼 물꼬를 닫지 못해

마음까지 축축해질 즈음 불볕더위 달려온다

바닥

정다겸

등이 눕기를 청하매 꿈이 들어와

딛고 일어서라 하네

가을

정다겸

지나온 길이 더 길어지는 계절에 들어서면

보고 싶은 사람들이 하나 둘 푸른 하늘에 걸린다

추수

정다겸

추워지기 전에 참깨 털어야 하는데....

수탉도 잠든 한밤중 홀연히 떠난 시엄니
참깨보다 김장보다 중요한 가을걷이 하러

편지

정다겸

편 손가락은 마술 같은 펜이 되고 파도는 밀려와

지우고 또 지우는데 해가 뜨고 지는 그곳까지 쓸고 가네

반복

정다겸

길이 있다 그 길이 어떤 길이든지

두 발은 이미 익숙한 길로 걸어가고 있다

친구

정다겸

친한가!

구면이지? 우리

관심

정다겸

관두고 싶지 않아 왠지 자꾸 끌려

심리적 틈 사이 초점이 와 박힌다

외도

정다겸

외모가 아무리 조용하여도
소리 없는 외침은 심장을 찌른다

도저히 안에서는 빼낼 수 없는,
안개만 자욱해 길도 보이지 않는

마음

정다겸

마음에는 누가누가 살까

음표들이 살고 있지
귀 기울여 들어봐
감정이 흐르는 소리
너의 노래를

안개

정다겸

안개는 감추고 있었다
푸른 산을, 높은 빌딩과 집들을
가도 가도 길은 어둡기만 하다

개울을 건너는 아이들은 어디 있나요?
나의 검은 머리칼과 눈동자를 찾아야 해
허공을 걷고 있는 자신과 마주하기 전에

빙판

정다겸

빙그르 제멋대로 핸들이 돌아가고
빙그르 제멋대로 바퀴도 돌아가네

판박이 핸들바퀴가 기어간다 덜덜덜

얼음

정다겸

얼마나 추우면 서로가 서로를 저토록 꼭 안고 있을까

음, 따스함이 깊은 곳까지 스며들 때까지는

야밤

정다겸

야한 시간이다 벗었는지 입었는지 의식이 잠들어 버린

밤, 그래서 까맣게 새까맣게 보이지 않게 온통 칠해 놓 앉는지도 모른다

동지

정다겸

동대문을 열어라 남대문도 열어라

지나간 슬픔은 잊고 새 아침을 맞으라

성탄

정다겸

성: 성화(成火)는 내 몫이 아니요 사랑으로 오신 분이여

탄: 탄식의 노래 멀어지고 별은 더 높이 올라 빛이 된다

고요

정다겸

고난의 강을 건너고 역경의 산을 넘은 뒤

요란한 소리 잠들고 마음의 소리 들린다

밀회

정다겸

밀밭에서 물레방앗간에서 은밀한 만남을 가졌다지

회피할 때도 회포를 풀 때도 CCTV는 졸지도 않네

주의

정다겸

주의 발빠짐 주의, 그렇지 않으면

의사가 달려오거나 들것에 실려 갈 수도

택시

정다겸

택시를 탔다

시간은 더디 내게 오는데 메타기는 빠르게 질주한다

글쓰기

정다겸

글쓰기의 첫 번째는 쓰는 것이다
쓰되 마음으로 쓰는 것이다
기본은 쓰는 것, 생각의 올무에 걸리지 않는 것이다

이정표

정다겸

이리 갈까 저리 갈까
정한 곳 없이 헤매는데
표류하는 부초처럼, 거기 누구요?

초봄비

정다겸

초두에 이슬 맺혀 세상을 바라보니
봄비의 둥근 마음 이제야 알겠노라
비바람 따뜻하게 갈아입고 왔구나

장미꽃

정다겸

장마 속에서도 태양은 여전히 빛나고
미움 속에서도 사랑은 싹을 틔우고
꽃은 소리 없이 웃어도 멀리까지 간다

유월달

정다겸

유월에 태어난 당신은
월화수 지나 목 터져라 외쳤지
달나라 이야기를 해도 사람들은 운다고만 하네

치자꽃

정다겸

치장하지 않아도 충분히 아름답다
자랑하지 않아도 자체로 빛난다
꽃의 향기가 6월 장마도 뚫고 퍼진다

옥수수

정다겸

옥토 밭만을 고집하지 않는다
수수와 달리 자신을 금방 드러내지 않는다
수확시기가 지나면 단맛을 허락하지 않는다

우산 속

정다겸

우산 위로 빗방울이 톡! 톡! 떨어질 때마다
산길을 걷는 연인의 마음 콩닥콩닥
속마음 서로 들킬세라 천둥소리 요란하다

국화꽃

정다겸

국화여! 봄이 가고 여름이 갔도다
화려한 청춘도 가고 있다
꽃이 피고 지는 동안, 너를 기다리는 동안

바나나

정다겸

바람과 햇살이 내 안에 있어
나풀나풀 나비의 노래도 살고 있지
나는 나 아닌 내가 더 많아

아버지

정다겸

아직 가야 할 길이 꽤 보입니다
버거운 삶의 무게가 어깨로부터 흘러내리지만
지금은 주저앉을 때가 아닙니다 가야 할 때입니다

짧은 시가 난 좋다

지은이 | 정다겸, 홍순환, 양희정
　　　　김두현, 김미옥, 김진우, 남기화, 박용필, 반은경,
　　　　석혜정, 이경숙, 이은율, 장광덕, 조형주

초판인쇄 | 2023년 12월 18일
초판발행 | 2023년 12월 22일

펴낸곳 | 도서출판 **영혼의 숲**
펴낸이 | 허광빈
편집 주간 | 박미옥
편집실 | 서울 중구 퇴계로 45길 31-15
주 소 | 서울 은평구 통일로 53길 9-15
전 화 | 02) 2269-9885
모바일 | 010-6770-6440
팩 스 | 02) 2269-9885
E-mail | booksyhs@naver.com

ISBN | 979-11-90780-33-9(03810)
가격 | 10,000원

※ 이 책의 저작권은 저자와 도서출판 영혼의 숲에 있습니다.
　무단전재와 복제를 금하며 잘못된 책은 교환해 드립니다.

※ 저자와 협의로 인지는 생략합니다.

이 도서의 국립중앙도서관 출판예정도서목록(CIP)은 서지정보유통지원시스템 홈페이지
(http://seoji.nl.go.kr)와 국가자료종합목록시스템 (http://www.nl.go.kr/kolisnet)에서
이용하실 수 있습니다. (CIP제어번호 : 979-11-90780-33-9(03810))